Kontaktgrill Rezepte

Die 77 leckersten Rezepte für den Kontaktgrill

Food Experts

Inhaltsverzeichnis

Einleitung

Viele besitzen zwar einen Kontaktgrill, wissen jedoch außer gewöhnlichen Schinken-Käse Toasts wenig damit zuzubereiten. In letzter Zeit gerät der Kontaktgrill jedoch immer mehr in den Vordergrund. Der Grund ist jener: Im Kontaktgrill lassen sich eine Vielzahl an Speisen besonders fettarm zubereiten. Das Grillgut muss nicht mehr gewendet werden, da es von beiden Seiten gleichmäßig gegrillt wird. Das spart nicht nur Zeit, sondern auch Energie und Fleisch, Fisch und Gemüse bleiben so richtig saftig. Auch gibt es im Kontaktgrill die Möglichkeit diverse Speisen zu überbacken und zu gratinieren. Dafür wird einfach der Deckel nicht ganz geschlossen.

In diesem kleinen Ratgeber erhalten Sie nicht nur leckere Rezepte, sondern erfahren neben den vielen Varianten auch Tipps und Tricks im Umgang mit dem Kontaktgrill. Wir wünschen Ihnen viel Freude und gutes Gelingen beim Kochen und Genießen mit dem Kontaktgrill.

Wie verwende ich meinen Kontaktgrill?

Das Wichtigste beim Arbeiten mit dem Kontaktgrill ist die Sauberkeit. Nach jeder Verwendung sollten die Flächen mit einem Holzspatel von Verkrustungen befreit werden. Eventuelle Flüssigkeiten und verbliebenes Fett wird einfach mit einem Küchentuch abgewischt.

Vor jeder Benutzung ist es ebenfalls ratsam, die Flächen mit etwas Öl oder Butter dünn zu bepinseln. Bevor Sie zum Grillen beginnen wird der Kontaktgrill auf Betriebstemperatur aufgeheizt. Das bedeutet, er sollte bereits, je nach Zubereitungsart und Zutat, zwischen 100° Celsius und 250° Celsius aufweisen. Für Sandwiches werden im Durchschnitt 100° Celsius benötigt, Fisch un Meeresfrüchte garen Sie bei etwa 160° Celsius, Fleisch bei 200° Celsius und dickes, schweres Fleisch wie

Lamm oder Wild bei maximal 250° Celsius.

Sie können die Speisen und das Grillgut stets vor dem Auflegen würzen oder marinieren. Gesalzen sollte Fleisch jedoch besser erst direkt am Grill werden. Dies ist besonders bei Steaks und Medaillons wichtig. Nur so bleiben die Fleischstücke auch wirklich saftig.

Verwenden Sie zum Wenden der Speisen niemals Zubehör aus Metall. Dadurch könnten Sie die beschichtete Oberfläche des Kontaktgrills verletzen. Lediglich Utensilien aus Holz oder Silikon sind für den Kontaktgrill geeignet. Auch sollten Sie die Oberfläche niemals mit einem Metallschwamm oder einer Metallbürste säubern. Ein weiches Schwämmchen oder ein feuchtes Küchentuch reichen hier vollkommen aus. Ist die Oberfläche erst verkratzt, bleibt das Grillgut kleben und es wird deutlich schwieriger, mit dem Kontaktgrill zu arbeiten.

Auf dem Kontaktgrill können sämtliche feste Speisen zubereitet werden. Für Suppen, Saucen und Ähnliches ist dieser Elektrogrill jedoch nicht geeignet. Ob Fleisch, Fisch, Sandwiches, Würste oder Gemüse, alles wird im Kontaktgrill mit wenig Fett rasch und punktgenau gegrillt. Der Kontaktgrill eignet sich auch hervorragend zur Zubereitung direkt am Tisch und ist eine beliebte Alternative um im Freien zu grillen. Voraussetzung natürlich, es ist eine elektrische Versorgung vorhanden. Der Kontaktgrill eignet sich auch hervorragend für alle, die wegen einer Portion den Gartengrill nicht anwerfen möchten. Mit dem Kontaktgrill muss nun niemand mehr auf herrlichsten Grill-Genuss verzichten.

Wir wünschen Ihnen nun viel Freude mit unseren Rezepten. Wir führen Sie durch die Rubriken Fleisch, Geflügel, Fisch und Meeresfrüchte, Vegetarisch, Gemüse, Sandwiches und Low Carb. Garantiert ist hier für jeden Geschmack das Richtige dabei und unsere Rezepte können Sie auch zu vielen neuen, eigenen Kreationen inspirieren.

Fleisch aus dem Kontaktgrill - fettarm und perfekt gegart zubereitet

Sämtliche Fleischsorten, die auch auf dem herkömmlichen Grill landen würden, können im Kontaktgrill perfekt zubereitet werden. Schwein und Rind, Lamm oder Wild, alles ist möglich. Auch Würste, egal ob Käsekrainer oder Bratwurst sind am Kontaktgrill im Nu zubereitet.

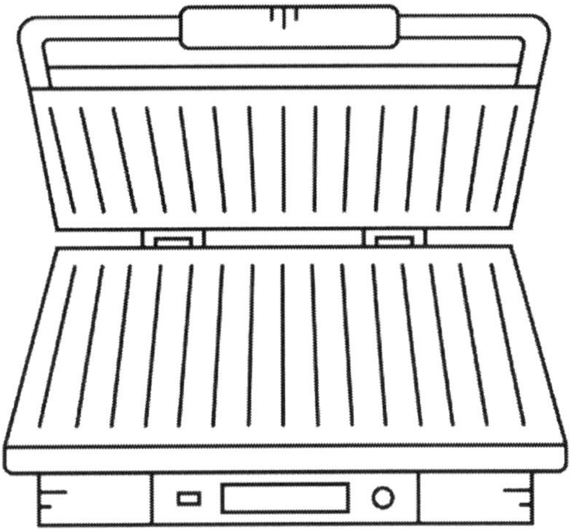

Schweine-Kotelette

Kalorien: 428,6 kcal | Eiweiß: 36,7 Gramm | Fett: 28,8 Gramm
Kohlenhydrate: 2,5 Gramm

Für eine Portion benötigen Sie:

1 Schweine-Kotelette mit Knochen - ca. 2 cm dick | etwas Öl zum Bepinseln | Salz und Pfeffer | 1 Messerspitze Paprikapulver scharf
1 Prise gemahlener Kümmel | 1/2 TL getrockneter Majoran
2 Knoblauchzehen blättrig geschnitten

So wird es zubereitet:

1. Das Fleisch und den Grill dünn mit Öl bepinseln.
2. Die Gewürze vermengen und das Kotelette damit einreiben.
3. Auf den Grill legen und für zwei Minuten bei 200° Celsius angrillen.
4. Nun mit dem blättrig geschnittenen Knoblauch belegen und bei geschlossener Klappe für weitere drei Minuten fertig garen.

Notizen:

____

____

____

Bauern-Kotelette

Kalorien: 492,6 kcal | Eiweiß: 40,6 Gramm | Fett: 34,3 Gramm
Kohlenhydrate: 1,8 Gramm

Für eine Portion benötigen Sie:

200 Gramm Schweine Rückensteak | Salz und Pfeffer
Öl zum Bepinseln | 3 Scheiben Bacon | 1 Zwiebel | 2 Knoblauchzehen
1/2 TL Butter | 2 Gewürzgurken | etwas Thymian getrocknet

So wird es zubereitet:

1. Zwiebel und Knoblauch, sowie die Gewürzgurken klein schneiden und mit dem Thymian vermengen.
2. Die Butter auf dem Grill schmelzen lassen und diese Mischung für etwa 2 Minuten bei nicht geschlossenem Deckel anrösten.
3. Vom Grill nehmen, das Fleisch mit Öl bepinseln, salzen und pfeffern und für 5 Minuten bei geschlossenem Deckel bei 200° Celsius garen.
4. Das Fleisch anrichten, und mit der Zwiebel und Knoblauch-Mischung garnieren.

Notizen:

Jäger-Kotelette

Kalorien: 469,5 kcal | Eiweiß: 44,3 Gramm | Fett: 29,8 Gramm | Kohlenhydrate: 2,7 Gramm

Für eine Portion benötigen Sie:

180 Gramm Schweine Kotelette ohne Knochen
etwas Öl zum Bepinseln | 1 Zwiebel | Salz und Pfeffer
1 EL Bacon gewürfelt | 100 Gramm Pilze | 1 TL Butter
1 EL Balsamico Essig | etwas Oregano getrocknet
1 EL Petersilie grob gehackt

So wird es zubereitet:

1. Zwiebel und Pilze klein schneiden und mit dem Bacon, Essig und Oregano vermengen.
2. Die Butter am Kontaktgrill schmelzen lassen und die Mischung für 3 Minuten bei 200° Celsius anbraten.
3. Vom Grill nehmen. Das Fleisch mit etwas Öl bepinseln, salzen und pfeffern und auf den Grill legen.
4. Bei geschlossenem Deckel für 6 Minuten bei 200° Celsius garen.
5. Zusammen mit der Pilz-Mischung anrichten.

Notizen:

____

____

____

Schweine Medaillons

Kalorien: 276,5 kcal | Eiweiß: 45,1 Gramm | Fett: 9,6 Gramm | Kohlenhydrate: 0,6 Gramm

Für eine Portion benötigen Sie:

180 Gramm Schweinefilet | Salz und Pfeffer | Öl zum Bepinseln
1 Messerspitze Knoblauchpulver | 6 Blatt Salbei | 3 Scheiben Speck

So wird es zubereitet:

1. Das Schweinefilet in 3 Medaillons schneiden und an der Schnittfläche beiderseits mit Öl bepinseln.
2. Salzen und pfeffern und an der Außenseite mit Knoblauch und Salbei aromatisieren.
3. Mit Speck umwickeln und auf den Kontaktgrill legen.
4. Bei geschlossenem Deckel und 200° Celsius für 5 Minuten rosig braten.

Notizen:

Gegrillter Schweinebauch

Kalorien: 849,2 kcal | Eiweiß: 13,8 Gramm | Fett: 84,8 Gramm | Kohlenhydrate: 1 Gramm

Für eine Portion benötigen Sie:

180 Gramm Schweinebauch ohne Schwarte | 1/2 TL Paprikapulver süß1 Messerspitze Zwiebel-Granulat | 1 Messerspitze Ingwer 1 Prise Kümmel gemahlen | Salz und Pfeffer

So wird es zubereitet:

1. Die Gewürze gut vermengen und das Fleisch damit marinieren.
2. Für mindestens eine Stunde durchziehen lassen.
3. Danach auf den Kontaktgrill legen und bei geschlossenem Deckel für 8 Minuten bei 180° Celsius braten.
4. Wer es etwas knuspriger mag, kann das Fleisch für 10 Minuten grillen.

Notizen:

Gegrillte Beiried-Schnitte

Kalorien: 232,5 kcal | Eiweiß: 38,3 Gramm | Fett: 7,6 Gramm
Kohlenhydrate: 1,4 Gramm

Für eine Portion benötigen Sie:

180 Gramm Beiried | 1/2 TL Senf scharf | Salz und Pfeffer
1/2 TL Kräuter der Provence | etwas Öl zum Bepinseln

So wird es zubereitet:

1. Das Fleisch leicht klopfen, mit Senf bestreichen und mit Salz, Pfeffer und den Kräutern würzen.
2. Den Grill mit etwas Öl bepinseln und das Fleisch auflegen.
3. Bei geschlossenem Deckel die Beiried für 7 Minuten bei 180° Celsius zart rosa braten.

Notizen:

___

___

___

Lammsteak

Kalorien: 339,7 kcal | Eiweiß: 36,4 Gramm | Fett: 18,8 Gramm
Kohlenhydrate: 3,8 Gramm

Für eine Portion benötigen Sie:

180 Gramm Steak vom Lammrücken | 1/2 TL Olivenöl | Saft und Abrieb einer halben Bio Limette | 1 Knoblauchzehe fein gehackt
3 Nadeln Rosmarin fein gehackt
etwas Thymian frisch gerebelt | Salz und Pfeffer

So wird es zubereitet:

1. Alle Gewürze gut mit dem Olivenöl verrühren und das Fleisch damit einreiben.
2. Für 20 Minuten marinieren lassen und auf den Kontaktgrill legen.
3. Bei geschlossener Klappe für etwa 9 Minuten bei 180° Celsius braten. So bleibt das Lamm zart rosa.
4. Wer das Fleisch lieber gut durch möchte, grillt es für etwa 11 Minuten.

Notizen:

____

____

____

Zitroniges Kalbsschnitzel

Kalorien: 263,6 kcal | Eiweiß: 35,9 Gramm | Fett: 10,3 Gramm
Kohlenhydrate: 5,1 Gramm

Für eine Portion benötigen Sie:

170 Gramm Kalbsschnitzel von der Nuss | 1/2 TL Öl
1 Messerspitze Zitronen-Abrieb | etwas Thymian frisch gerebelt
Salz und Pfeffer | 1/2 Zitrone filetiert | 1 Messerspitze Zucker
1 Prise Cayenne Pfeffer

So wird es zubereitet:

1. Das Fleisch und den Grill mit etwas Öl bepinseln, salzen und pfeffern und für 2 Minuten bei 180° Celsius angrillen.
2. Das restliche Öl mit dem Abrieb der Zitrone, dem Thymian, den Filets der Zitrone, dem Zucker und dem Cayenne Pfeffer vermengen und auf dem Fleisch verteilen.
3. Bei 180° Celsius für weitere 5 Minuten braten

.

Notizen:

___

___

___

Grillteller

Kalorien: 291,7 kcal | Eiweiß: 47,3 Gramm | Fett: 10,2 Gramm | Kohlenhydrate: 0,6 Gramm

Für eine Portion benötigen Sie:

70 Gramm Rinderfilet | 1 Messerspitze scharfer Senf Steakpfeffer aus der Mühle | 70 Gramm Schweinefilet
1 Messerspitze Knoblauchpulver | 1 Prise Paprikapulver geräuchert | 1 rohe Bratwurst | Salz | etwas Öl zum Bepinseln

So wird es zubereitet:

1. Das Fleisch und den Grill mit etwas Öl bepinseln.
2. Das Rinderfilet mit Senf bestreichen und mit Steakpfeffer würzen.
3. Das Schweinefilet mit Knoblauch und Paprika abschmecken und alles zusammen mit der Bratwurst auf dem Kontaktgrill verteilen.
4. Bei geschlossenem Deckel für 6 Minuten bei 180° Celsius braten, anrichten und nach Bedarf salzen.

Notizen:

____

____

____

Steak mit Spiegelei

Kalorien: 388,2 kcal | Eiweiß: 49,9 Gramm | Fett: 19,3 Gramm | Kohlenhydrate: 0,9 Gramm

Für eine Portion benötigen Sie:

200 Gramm Rinderfilet | Salz und Pfeffer | etwas Öl zum BepinselnSaft einer halben Zitrone | 1 TL Koriander gehackt1 EL Schnittlauch Röllchen |1 EL Olivenöl1 TL Parmesan gerieben | 1 Ei

So wird es zubereitet:

1. Das Fleisch mit Öl bepinseln und pfeffern.
2. Den Grill ebenfalls dünn mit Öl bepinseln und das Fleisch für 6 Minuten bei 200° Celsius garen.
3. Vom Kontaktgrill nehmen und in Tranchen schneiden.
4. Den Zitronensaft mit den Kräutern, dem Olivenöl und dem Parmesan vermengen und die Tranchen darin wälzen.
5. In der Zwischenzeit im Kontaktgrill das Ei zu einem Spiegelei braten und mit dem Steak servieren.
6. Nach Bedarf alles salzen.

Notizen:

Kotelette auf gegrilltem Brot

Kalorien: 350,3 kcal | Eiweiß: 37,1 Gramm | Fett: 10,7 Gramm
Kohlenhydrate: 24,1 Gramm

Für eine Portion benötigen Sie:

150 Gramm Minuten Steaks | 1 TL süßer Senf | Salz und Pfeffer
1 Scheibe Bauernbrot | 1 EL Olivenöl | 1 Knoblauchzehe fein gehackt | 2 Nadeln Rosmarin fein gehackt

So wird es zubereitet:

1. Das Fleisch mit dem Senf bestreichen und pfeffern.
2. Das Öl mit Knoblauch und Rosmarin vermengen und das Brot beidseitig damit bestreichen.
3. Beides nebeneinander auf den Grill legen und bei geschlossenem Deckel für 4 Minuten bei 200° Celsius braten.
4. Nach Bedarf salzen.

Notizen:

Gegrillte Leber

Kalorien: 251,4 kcal | Eiweiß: 31 Gramm | Fett: 6,9 Gramm
Kohlenhydrate: 15 Gramm

Für eine Portion benötigen Sie:

150 Gramm Kalbsleber | 3 Apfelscheiben | etwas Öl zum Bepinseln
Salz und Pfeffer | 1 EL Petersilie gehackt | 1 TL Estragon gehackt
1 TL Walnussöl | etwas Abrieb einer Bio Orange

So wird es zubereitet:

1. Die Leber mit den Äpfeln belegen und mit etwas Öl bepinseln.
2. Pfeffern und bei geschlossenem Deckel für 5 Minuten bei 180° Celsius braten.
3. Petersilie, Estragon, Öl und Orangen-Abrieb vermengen.
4. Das Fleisch anrichten, mit der Kräutermischung beträufeln und nach Bedarf salzen.

Notizen:

___

___

___

Schaschlik Spieß

Kalorien: 185,9 kcal | Eiweiß: 24,7 Gramm | Fett: 7,5 Gramm
Kohlenhydrate: 0,9 Gramm

Für eine Portion benötigen Sie:

120 Gramm Schweinefilet | 2 Champignons | 1/2 rote Paprika
1/2 rote Zwiebel | 2 Cherry Tomaten | 1 EL Öl | 1 EL Apfelessig
1 EL Ketchup | 2 EL Cola | 1 Prise Vanillezucker
Salz und Pfeffer

So wird es zubereitet:

1. Das Öl mit dem Essig, Ketchup, Cola, Vanillezucker, Salz und Pfeffer verrühren.
2. Das Fleisch in Würfel schneiden und abwechselnd mit dem Gemüse auf einen Spieß fädeln.
3. Mit der Marinade gut einreiben und am besten über Nacht ziehen lassen.
4. Den Grill mit etwas Öl einpinseln, den Spieß auflegen und bei geschlossenem Deckel für 7 Minuten bei 190° Celsius grillen.

Notizen:

Burger vom Kontaktgrill

Kalorien: 411,8 kcal | Eiweiß: 30,4 Gramm | Fett: 29,6 Gramm
Kohlenhydrate: 2,9 Gramm

Für eine Portion benötigen Sie:

150 Gramm Rinderhack | 10 Gramm Lado Speck gewürfelt
Salz und Pfeffer | 1 EL Ayvar | 1 Knoblauchzehe fein gehackt
etwas Thymian frisch

So wird es zubereitet:

1. Alle Zutaten gut miteinander verkneten.
2. Den Grill mit etwas Öl bepinseln und aus der Masse kleine Burger formen.
3. Auf den Kontaktgrill legen und bei geschlossenem Deckel für 5 Minuten bei 200° Celsius grillen.
4. In einem Sesambrötchen mit Majonäse, Tomaten, Ketchup, Salat und einer Scheibe Käse serviert haben Sie im Nu den perfekten Burger.

Notizen:

Cevapcici

Kalorien: 340,7 kcal | Eiweiß: 30,7 Gramm | Fett: 21 Gramm
Kohlenhydrate: 4,9 Gramm

Für eine Portion benötigen Sie:

150 Gramm Hackfleisch gemischt | 1 rote Zwiebel fein gehackt
1 Prise Piment | 2 Knoblauchzehen gepresst | 1/2 TL Paprikapulver scharf | etwas Paprikapulver süß| 1 Messerspitze Ingwer fein gerieben
1 EL Koriander gehackt | Salz und Pfeffer | etwas Öl zum Bepinseln

So wird es zubereitet:

1. Alle Zutaten gut verkneten und mit feuchten Händen längliche Cevapcici formen.
2. Den Grill leicht bepinseln und das Grillgut auflegen.
3. Für 6 Minuten bei 180° Celsius bei geschlossener Klappe grillen.
4. Cevapcici werden traditionell mit einigen Scheiben rohem Zwiebel serviert.

Notizen:

Überbackenes Schnitzel

Kalorien: 298,8 kcal | Eiweiß: 49,8 Gramm | Fett: 9,7 Gramm
Kohlenhydrate: 1,2 Gramm

Für eine Portion benötigen Sie:

180 Gramm Schweineschnitzel | Salz und Pfeffer | 1 EL Meerrettich frisch gerieben | 2 Scheiben Schinken | 2 Scheiben Gouda | Öl zum Bepinseln

So wird es zubereitet:

1. Das Fleisch etwas klopfen, pfeffern und mit Meerrettich bestreichen.
2. Mit Schinken und Käse belegen.
3. Den Grill dünn mit Öl bepinseln und das Fleischauflegen.
4. Bei nicht ganz geschlossenem Deckel für 7 Minuten bei 190° Celsius backen.
5. Anrichten und nach Bedarf salzen.

Notizen:

Paprika Schopf

Kalorien: 422 kcal | Eiweiß: 40,7 Gramm | Fett: 26,3 Gramm
Kohlenhydrate: 2,5 Gramm

Für eine Portion benötigen Sie:

200 Gramm Schweineschopf | Salz und Pfeffer
1 Knoblauchzehe fein gehackt | 1 Messerspitze Ingwer fein gehackt | 1 TL Paprikapulver | 1 TL Tomatenmark
1 TL Apfelessig | 1 TL Olivenöl

So wird es zubereitet:

1. Alle Gewürze gut miteinander vermengen und das Fleisch damit marinieren.
2. Für mindestens zwei Stunden durchziehen lassen und auf den Grill legen.
3. Für 8 Minuten bei geschlossenem Deckel bei 190° Celsius garen.

Notizen:

____

____

____

Kräuterschnitzel

Kalorien: 341,3 kcal | Eiweiß: 40,5 Gramm | Fett: 12,2Gramm
Kohlenhydrate: 9,3 Gramm

Für eine Portion benötigen Sie:

200 Gramm Kalbsnacken | 1 TL Petersilie gehackt | 1 TL Koriander gehackt | 1 TL Kerbel gehackt | 1/2 TL Honig | 1/2 TL Oregano
1 Spritzer Gin | Salz und Pfeffer | etwas Öl zum Bepinseln

So wird es zubereitet:

1. Die Kräuter und Gewürze mit dem Honig und dem Gin verrühren und das Fleisch damit marinieren.
2. Kurz durchziehen lassen und den Grill aufheizen und mit Öl bepinseln.
3. Das Fleisch auflegen und für 6 Minuten bei 180° Celsius grillen.

Notizen:

____

____

____

Melba Schnitzel

Kalorien: 251,2 kcal | Eiweiß: 39,6 Gramm | Fett: 6,6 Gramm
Kohlenhydrate: 6,7 Gramm

Für eine Portion benötigen Sie:

150 Gramm Schweineschnitzel | Salz und Pfeffer | 1 TL Tomatenmark1 Scheibe Schinken gekocht | 1/2 Pfirsich frisch oder aus der Dose 1 EL Parmesan gerieben | Öl zum Bepinseln

So wird es zubereitet:

1. Das Fleisch dünn klopfen, mit Tomatenmark bestreichen und pfeffern.
2. Mit Schinken belegen, den Pfirsich darauf setzen und mit Parmesan bestreuen.
3. Den Kontaktgrill mit etwas Öl bepinseln, das Fleisch auflegen und bei nicht ganz geschlossenem Deckel für 7 Minuten bei 190° Celsius garen.
4. Servieren und nach Bedarf salzen.

Notizen:

____

____

____

Rib Eye Steak vom Kontaktgrill

Kalorien: 513,3 kcal | Eiweiß: 50,2 Gramm | Fett: 32,6 GrammKohlenhydrate: 1,1 Gramm

Für eine Portion benötigen Sie:

250 Gramm Rib Eye Steak | Salz und Pfeffer | 1 Zweig Rosmarin
1 Zweig Thymian | 1 Knoblauchzehe gehackt | etwas Öl zum Beträufeln

So wird es zubereitet:

1. Den Grill mit etwas Öl bepinseln.
2. Das Fleisch pfeffern und bei geschlossenem Deckel bei 200° Celsius für 5 Minuten anbraten.
3. Aus dem Grill nehmen, mit Rosmarin, Thymian und Knoblauch belegen und in eine Alufolie wickeln.
4. Zurück auf den Kontaktgrill legen und für weitere 3 Minuten bei 160° Celsius garen.
5. Anrichten und nach Bedarf salzen.

Notizen:

___

___

___

Schmackhafte Geflügel Gerichte vom Kontaktgrill

Auch Gerichte mit Huhn, Pute oder Strauß werden am Kontaktgrill zart und saftig. Auch hier gibt es eine breite Palette an Möglichkeiten, die sich am Kontaktgrill zaubern lassen. Kulinarische Langeweile kommt garantiert nicht auf.

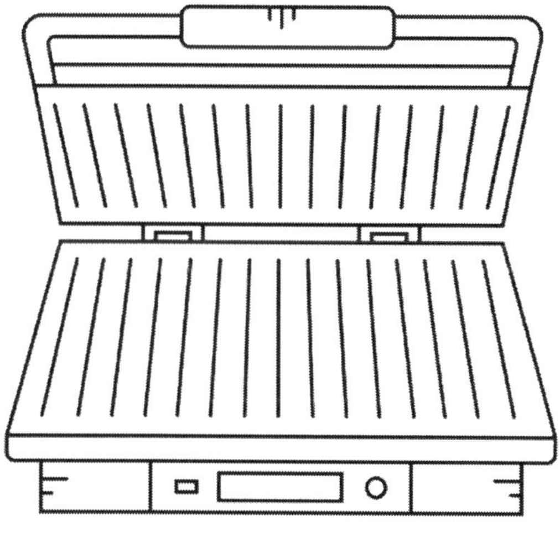

Asiatische Satee Spieße

Kalorien: 195,2 kcal | Eiweiß: 37,7 Gramm | Fett: 2,1 Gramm Kohlenhydrate: 5,2 Gramm

Für eine Portion benötigen Sie:

160 Gramm Hühnerbrust ohne Haut | 2 EL Joghurt | 1/2 TL Maismehl
1 TL indisches Currypulver gelb | 1 Prise Kardamom gemahlen
1 Prise Cayenne Pfeffer | 1/2 TL Sojasauce | etwas Öl zum Bepinseln

So wird es zubereitet:

1. Das Fleisch in sehr dünne Streifen schneiden.
2. Die restlichen Zutaten gut vermengen und das Fleisch darin am besten über Nacht marinieren.
3. Aus der Marinade nehmen und auf dünnen Holzspießen auffädeln.
4. Den Kontaktgrill dünn mit Öl bepinseln und die Spieße für 5 Minuten bei 190° Celsius braten.
5. Zu den Spießen passt wunderbar ein Dip als Joghurt und Koriander.

Notizen:

____

____

____

Huhn Hawaii

Kalorien: 272,7 kcal | Eiweiß: 42,7 Gramm | Fett: 7,6 Gramm Kohlenhydrate: 6,7 Gramm

Für eine Portion benötigen Sie:

150 Gramm Hühnerschnitzel | Salz und Pfeffer | 1 Scheibe Ananas frisch oder aus der Dose | 1 Scheibe Parma Schinken | 1 EL Koriander gehackt | 2 Scheiben Käse | etwas Öl zum Bepinseln

So wird es zubereitet:

1. Das Fleisch leicht klopfen, pfeffern und mit der Ananas belegen.
2. Parma Schinken, Koriander und zuletzt Käse darauf verteilen und den Grill dünn mit Öl bepinseln.
3. Bei nicht ganz geschlossenem Deckel für 7 Minuten bei 180° Celsius backen.

Notizen:

____

____

____

Strauß in Kaffee-Marinade

Kalorien: 236,7 kcal | Eiweiß: 42 Gramm | Fett: 3,3 Gramm Kohlenhydrate: 8,3 Gramm

Für eine Portion benötigen Sie:

200 Gramm Filet vom Strauß | 1 Espresso | 1 TL Ahornsirup
1 EL Reisessig | 1/4 rote Zwiebel fein gehackt | 1 Knoblauchzehe fein gehackt | 1 Messerspitze Chili Pulver | 1/2 TL Öl | 1 TL Sojasauce

So wird es zubereitet:

1. Alle Zutaten gut verrühren und das Fleisch darin marinieren.
2. Am besten über Nacht ziehen lassen.
3. Danach auf den Kontaktgrill legen und bei geschlossenem Deckel für 8 Minuten bei 170° Celsius garen.
4. Wenn das Fleisch etwas dicker ist können Sie es für ein bis zwei Minuten länger grillen.

Notizen:

Spieß mit aromatischen Hühner Herzen

Kalorien: 156,2 kcal | Eiweiß: 26,4 Gramm | Fett: 5,1 Gramm Kohlenhydrate: 2,3 Gramm

Für eine Portion benötigen Sie:

160 Gramm Hühner Herzen | einige Fenchelsamen | 1 Chili
1 Knoblauchzehe | 2 Nadeln Rosmarin | etwas Salz | Saft einer halben Limette | 1 TL Zwiebel Granulat | etwas Öl zum Bepinseln

So wird es zubereitet:

1. Alle Zutaten im Mörser oder Mixer zerkleinern und vermengen und die herzen damit marinieren.
2. Für eine gute Stunde ziehen lassen.
3. Den Kontaktgrill dünn mit Öl bepinseln und die Herzen auf einen Spieß fädeln.
4. Auf den Grill legen und für 6 Minuten bei 180° Celsius garen.

Notizen:

____

____

____

Putenrolle mit Frischkäse

Kalorien: 192,3 kcal | Eiweiß: 39,2 Gramm | Fett: 1,9 Gramm Kohlenhydrate: 3,4 Gramm

Für eine Portion benötigen Sie:

100 Gramm Putenschnitzel | Salz und Pfeffer | 1 EL Frischkäse
1 getrocknete Tomate | 1 Knoblauchzehe | 4 Stück Thaispargel 1 TL Kerbel gehackt | etwas Öl zum Bepinseln

So wird es zubereitet:

1. Das Fleisch hauchdünn klopfen, salzen und pfeffern und mit Frischkäse bestreichen.
2. Die getrocknete Tomate und den Knoblauch fein hacken und darauf verteilen.
3. Den Spargel auf das Fleisch legen und mit Kerbel bestreuen.
4. Das Fleisch einrollen, den Grill mit Öl bepinseln und die Rolle auf den Kontaktgrill legen.
5. Bei geschlossenem Deckel für 8 Minuten bei 170° Celsius garen.

Notizen:

Pute mit Tomate und Mozzarella

Kalorien: 246,8 kcal | Eiweiß: 42,3 Gramm | Fett: 7,1 Gramm Kohlenhydrate: 1,7 Gramm

Für eine Portion benötigen Sie:

150 Gramm Putenschnitzel | Salz und Pfeffer | 1 TL Tomatenmark 3 Scheiben Tomaten | etwas Oregano getrocknet | 1 Blatt Salbei gehackt | 30 Gramm Mozzarella gerieben | etwas Öl zum Bepinseln

So wird es zubereitet:

1. Die Pute leicht klopfen, salzen und pfeffern und mit Tomatenmark bestreichen.
2. Mit den Tomaten belegen und mit Oregano und Salbei aromatisieren.
3. Mit Mozzarella bestreuen.
4. Den Kontaktgrill dünn mit Öl bepinseln und das Fleisch auflegen.
5. Bei nicht ganz geschlossenem Deckel für 8 Minuten bei 170° Celsius garen.

Notizen:

____

____

____

Huhn mit Spinat

Kalorien: 193 kcal | Eiweiß: 35,9 Gramm | Fett: 4,4 Gramm Kohlenhydrate: 1,2 Gramm

Für eine Portion benötigen Sie:

150 Gramm Hühnerbrust mit Haut | Salz und Pfeffer
1 Messerspitze Paprikapulver | 10 Gramm Blattspinat frisch oder TK 15 Gramm Schafskäse | 1 Schalotte gehackt | 1 Knoblauchzehe gehackt | 1 Prise Muskat | etwas Öl zum Bepinseln

So wird es zubereitet:

1. Alle Zutaten gut miteinander vermengen.
2. Die Haut des Huhns auf einer Seite leicht lösen und mit der Spinat- und Gewürzmischung füllen.
3. Mit den Händen gut verteilen.
4. Den Grill dünn mit Öl bepinseln und das Huhn auflegen.
5. Bei geschlossenem Deckel für 10 Minuten bei 180° Celsius backen.

Notizen:

___

___

___

Entenbrust

Kalorien: 599,5 kcal | Eiweiß: 34,2 Gramm | Fett: 46 Gramm Kohlenhydrate: 7,7 Gramm

Für eine Portion benötigen Sie:

1 Entenbrust mit ca. 200 Gramm | Salz und Pfeffer | 1/2 TL Honig
1 EL Orangensaft | 1/2 TL Thymian frisch gerebelt | 1 Prise Ingwer frisch gerieben | 4 Filets einer kernlosen Orange | etwas Öl zum Bepinseln

So wird es zubereitet:

1. Die Haut der Ente rautenförmig einritzen.
2. Den Kontaktgrill mit etwas Öl bepinseln und das Fleisch natur für 3 Minuten bei 200° Celsius bei geschlossenem Deckel anbraten.
3. Die restlichen Zutaten gut vermengen.
4. Das Fleisch auf eine Alufolie legen und mit der Gewürzmischung und den Orangenfilets belegen.
5. Die Folie verschließen und das Fleisch darin zurück auf den Grill legen.
6. Für weitere 10 Minuten bei 170° Celsius garen.

Notizen:

____

____

____

Spieß mariniert mit grünem Curry

Kalorien: 167 kcal | Eiweiß: 30,5 Gramm | Fett: 1,9 Gramm Kohlenhydrate: 5,9 Gramm

Für eine Portion benötigen Sie:

120 Gramm Putenbrust | 20 Gramm Zucchini | 30 Gramm Auberginen 1/2 TL Currypaste grün | 2 EL Kokosmilch light | 1/2 TL Sojasauce 1 Spritzer Limettensaft |1/2 TL Maismehl | etwas Öl zum Bepinseln

So wird es zubereitet:

1. Das Fleisch und das Gemüse in gleichgroße Würfel schneiden.
2. Die restlichen Zutaten miteinander vermengen,dann Fleisch und Gemüse für mindestens 3 Stunden darin marinieren.
3. Aus der Marinade nehmen und abwechselnd auf einen Spieß fädeln.
4. Den Kontaktgrill dünn mit Öl bepinseln, das Fleisch auflegen und bei geschlossener Klappe für 7 Minuten bei 170° Celsius braten.

Notizen:

Feurige Innenfilets mit Chili

Kalorien: 217,8 kcal | Eiweiß: 35,7 Gramm | Fett: 6,7 Gramm Kohlenhydrate: 2,3 Gramm

Für eine Portion benötigen Sie:

160 Gramm Hühner Innenfilets | 2 Chilis | 1 Knoblauchzehe 1 TL Tomatenmark|1 Messerspitze Ingwer frisch gerieben | 1 Prise Anis gemahlen | 1 Spritzer Zitronensaft |1/2 TL Öl | etwas Salz

So wird es zubereitet:

1. Chili und Knoblauch fein hacken und zusammen mit den restlichen Gewürzen und dem Öl gut vermengen.
2. Das Fleisch darin für mindestens 3 Stunden marinieren lassen.
3. Aus der Marinade nehmen und auf den Kontaktgrill legen.
4. Bei geschlossenem Deckel für 6 Minuten bei 180° Celsius grillen.

Notizen:

Fisch und Meeresfrüchte aus dem Kontaktgrill

Fisch und Meeresfrüchte werden am Kontaktgrill ebenfalls sehr schonend und fettarm zubereitet. Wichtig ist hier, dass die Temperatur nicht zu hoch gewählt wird. Sie sollte maximal 170° Celsius betragen.

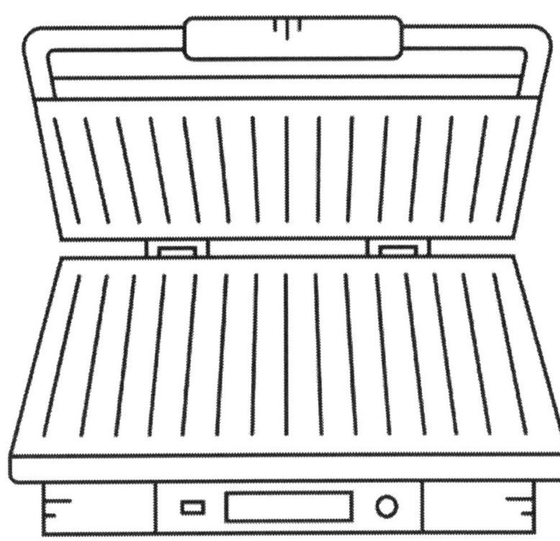

Lachs vom Kontaktgrill

Kalorien: 247,9 kcal | Eiweiß: 33,4 Gramm | Fett: 11,4 Gramm Kohlenhydrate: 1,2 Gramm

Für eine Portion benötigen Sie:

180 Gramm Lachsfilet ohne Haut | Salz und Pfeffer 2 Scheiben Tomaten | 1 Zweig Thymian | 1 Knoblauchzehe 2 Scheiben Zitronen | etwas Öl zum Bestreichen | Alufolie

So wird es zubereitet:

1. Die Alufolie und den Kontaktgrill dünn mit Öl bepinseln.
2. Die Zitronen auf der Folie verteilen und den Lachs darauf setzen.
3. Salzen, pfeffern, mit Tomaten, Thymian und gehacktem Knoblauch belegen und die Folie verschließen.
4. Auf den Kontaktgrill legen und bei geschlossenem Deckel für 10 Minuten bei 160° Celsius garen.
5. Den Fisch mitsamt Folie anrichten und erst bei Tisch öffnen - so entfaltet sich ein atemberaubendes Aroma.

Notizen:

____

____

____

Thunfisch gegrillt am Kontaktgrill

Kalorien: 364,6 kcal | Eiweiß: 44 Gramm | Fett: 16,9 Gramm Kohlenhydrate: 6,7 Gramm

Für eine Portion benötigen Sie:

200 Gramm Thunfisch Steak | 1/2 TL Ahornsirup | 1 TL Zitronensaft 1 TL Sojasauce | 1 Prise Cayenne Pfeffer | 1 TL Sesam weiß 1 TL Sesam schwarz | etwas Öl zum Bepinseln

So wird es zubereitet:

1. Ahornsirup mit Zitronensaft und Cayenne Pfeffer vermengen und den Fisch gut damit einmassieren.
2. Kurz durchziehen lassen und im Sesam wälzen und diesen leicht andrücken.
3. Den Kontaktgrill dünn mit Öl bepinseln und den Fisch auflegen.
4. Bei geschlossenem Deckel für 5 Minuten bei 170° C grillen.
5. Der Fisch soll glasig serviert werden.
6. Wer den Fisch lieber gut durch essen möchte, der lässt ihn 2 Minuten länger am Kontaktgrill garen.

Notizen:

Zander mit Limette

Kalorien: 246 kcal | Eiweiß: 44 Gramm | Fett: 7 Gramm Kohlenhydrate: 0,1 Gramm

Für eine Portion benötigen Sie:

1 Zanderfilet mit Haut | Salz und Pfeffer | etwas Abrieb einer Bio Zitrone 1 Messerspitze Thymian getrocknet | 4 dünne, unbehandelte Limettenscheiben | etwas Zitronen-Öl | ein Hauch Vanillezucker

So wird es zubereitet:

1. Den Fisch salzen, pfeffern und mit dem Abrieb der Zitrone und dem Thymian aromatisieren.
2. Den Kontaktgrill mit dem Zitronen-Öl bepinseln, den Fisch auflegen und mit den Limettenscheiben belegen.
3. Mit etwas Vanillezucker bestreuen und den Fisch bei geschlossenem Deckel für 5 Minuten bei 180° Celsius garen.
4. Sie können anstatt Limetten auch Orangen, Mandarinen, Grapefruit oder Zitronen zum Belegen verwenden.

Notizen:

Zarte Seezungen Röllchen

Kalorien: 236,7 kcal | Eiweiß: 45,8 Gramm | Fett: 3,8 Gramm Kohlenhydrate: 3,3 Gramm

Für eine Portion benötigen Sie:

200 Gramm Seezungen Filet | Salz und Pfeffer | 1 EL Sauerrahm
1 TL Tomatenmark | 1 TL Estragon frisch und fein gehackt
1 Knoblauchzehe fein gehackt
4 dünne, lange Scheiben Zucchini | etwas Öl zum Bepinseln

So wird es zubereitet:

1. Den Fisch salzen und pfeffern.
2. Den Sauerrahm mit dem Tomatenmark, dem Estragon und dem Knoblauch verrühren und den Fisch damit bestreichen.
3. Mit den Zucchini Scheiben belegen und einrollen.
4. Den Kontaktgrill dünn mit Öl bestreichen und den Fisch auflegen.
5. Bei geschlossenem Deckel für 6 Minuten bei 170° Celsius garen.
6. Mit einem knackigen Salat serviert ist dies ein tolles und erfrischend leichtes Sommergericht.

Notizen:

Knoblauch Garnelen

Kalorien: 306,5 kcal | Eiweiß: 41,9 Gramm | Fett: 11,5 Gramm Kohlenhydrate: 6,8 Gramm

Für eine Portion benötigen Sie:

200 Gramm Garnelen geputzt ohne Kopf und ohne Schale 4 Knoblauchzehen fein gehackt | 1/4 rote Zwiebel fein gehackt | 1 Chili fein gehackt | 1 TL Sojasauce | 1 EL Olivenöl | 1 Prise Vanillezucker 1 EL Koriander grob gehackt | Saft einer halben Limette

So wird es zubereitet:

1. Alle Zutaten außer dem Limettensaft gut vermengen und für etwa 10 Minuten gut durchziehen lassen.
2. Auf den Kontaktgrill geben und für 6 Minuten bei 180° Celsius mit geschlossenem Deckel braten.
3. Vor dem Servieren großzügig mit dem Saft der Limette verfeinern.

Notizen:

Fisch Spieß

Kalorien: 207,1 kcal | Eiweiß: 30,6 Gramm | Fett: 6,1 Gramm Kohlenhydrate: 6 Gramm

Für eine Portion benötigen Sie:

150 Gramm Barsch Filet | 2 kleine braune Champignons | 2 frische Brokkoli Rosen | 1 kleine gekochte Kartoffel | 4 dünne Scheiben Limetten unbehandelt | Salz und Pfeffer | etwas Chili Öl zum Bepinseln

So wird es zubereitet:

1. Den Barsch in gleichgroße Stücke schneiden und abwechselnd mit den restlichen Zutaten auf einen Spieß fädeln.
2. Alles salzen und pfeffern und mit Chili Öl bepinseln.
3. Auf den Kontaktgrill legen und bei geschlossenem Deckel für 6 Minuten bei 180° Celsius braten.
4. Sie können für den Spieß natürlich jedes x-beliebige Gemüse verwenden. Ob Paprika, Zwiebel, Knoblauch, Zucchini oder Auberginen, der Fantasie sind hier keine Grenzen gesetzt.
5. Für noch mehr Aroma sorgen Sie, wenn Sie zwischendurch zwei dünne Scheiben Lado Speck auf den Spieß fädeln.

Notizen:

Gegrillter Tintenfisch

Kalorien: 219,9 kcal | Eiweiß: 29 Gramm | Fett: 8,2 Gramm Kohlenhydrate: 6,1 Gramm

Für eine Portion benötigen Sie:

150 Gramm Tintenfisch Ringe | 2 Cherry Tomaten | 1 Pak Choi 30 Gramm Zucchini | 1/2 rote Zwiebel | 2 grüne Oliven | Salz und Pfeffer 1 EL Olivenöl | 1 EL Zitronensaft | 1 Zweig Rosmarin | Alufolie

So wird es zubereitet:

1. Die Tomaten halbieren, den Pak Choi in Streifen schneiden, die Zucchini in Scheiben schneiden, Zwiebel und Oliven grob hacken und alles zusammen mit den Tintenfischen in eine kleine Schüssel geben.
2. Mit Salz und Pfeffer würzen und mit Olivenöl, Zitronensaft und Rosmarin marinieren.
3. Für etwa 30 Minuten durchziehen lassen und auf einer Alufolie verteilen.
4. Diese verschließen und auf den Kontaktgrill legen.
5. Bei geschlossenem Deckel für 6 Minuten bei 200° Celsius garen.
6. Für einen Hauch Exotik sorgen Sie, wenn Sie zusätzlich etwas gewürfelte Ananas oder Mango zu den Tintenfischen geben.

Notizen:

Fisch-Burger

Kalorien: 242,8 kcal | Eiweiß: 39,1 Gramm | Fett: 7,6 Gramm Kohlenhydrate: 2,9 Gramm

Für eine Portion benötigen Sie:

180 Gramm Seelachs Filet | 1 Schalotte | 1 Knoblauchzehe 1 EL Koriander gehackt|1 Messerspitze Senf scharf 1 Messerspitze Wasabi | 1 Messerspitze Kurkuma fein gerieben
1 Eiklar | Salz und Pfeffer | 1 TL Zitronensaft | etwas Öl zum Bepinseln

So wird es zubereitet:

1. Den Seelachs, die Schalotte und den Knoblauch sehr fein hacken und mit dem Koriander, dem Senf, Wasabi, Kurkuma, Eiklar und Zitronensaft verkneten und mit Salz und Pfeffer gut abschmecken.
2. Mit feuchten Händen zwei Burger formen und den Kontaktgrill mit etwas Öl bepinseln.
3. Die Fischburger auflegen und bei geschlossenem Deckel für 6 Minuten bei 180° Celsius grillen.
4. In einem weichen Sesambrötchen serviert und mit Salat, Tomaten und Sauce Remoulade serviert werden die Fischburger im Handumdrehen zu einem leckeren Fast Food.

Notizen:

Seeteufel mit Speckhülle

Kalorien: 303,4 kcal | Eiweiß: 45,5 Gramm | Fett: 11,9 Gramm Kohlenhydrate: 1,6 Gramm

Für eine Portion benötigen Sie:

180 Gramm Filet vom Seeteufel | etwas Olivenöl | etwas Abrieb einer Bio Zitrone|Salz und Pfeffer | 1 Prise Kreuzkümmel gemahlen 1 Messerspitze Ingwer gemahlen |1 EL Petersilie fein gehackt 4 Scheiben Bacon | etwas Öl zum Bepinseln

So wird es zubereitet:

1. Den Fisch mit Olivenöl bestreichen, salzen und pfeffern und mit dem Abrieb der Zitrone aromatisieren.
2. Mit Kreuzkümmel und Ingwer würzen und mit Petersilie bedecken.
3. Mit dem Bacon belegen, diesen leicht andrücken und den Kontaktgrill dünn mit Öl bepinseln.
4. Den Fisch auflegen und bei geschlossenem Deckel für 8 Minuten bei 180° Celsius grillen.

Notizen:

Kräuter-Kabeljau

Kalorien: 175,6 kcal | Eiweiß: 36,9 Gramm | Fett: 1,9 Gramm Kohlenhydrate: 1,6 Gramm

Für eine Portion benötigen Sie:

180 Gramm Kabeljau | 1 Messerspitze Paprikapulver geräuchert
Salz und Pfeffer | etwas Zitronensaft | 1 TL Kerbel gehackt1 TL Petersilie gehackt | 1 TL Koriander gehackt
1 grüne Chili fein gehackt | etwas Öl zum Bepinseln

So wird es zubereitet:

1. Den Fisch salzen, pfeffern und mit Paprika und Zitronensaft würzen.
2. Die Kräuter gut vermengen und den Fisch darin wälzen.
3. Mit den Händen die Kräuter gut andrücken und den Grill mit etwas Öl dünn bepinseln.
4. Den Fisch auflegen und bei geschlossenem Deckel für 8 Minuten bei 170° Celsius braten.

Notizen:

Vegetarische Köstlichkeiten vom Kontaktgrill

Es muss nicht immer Fleisch sein. Die besten Beweise dafür geben diese vegetarischen Rezepte, die auch auf dem Kontaktgrill ganz hervorragend gelingen.

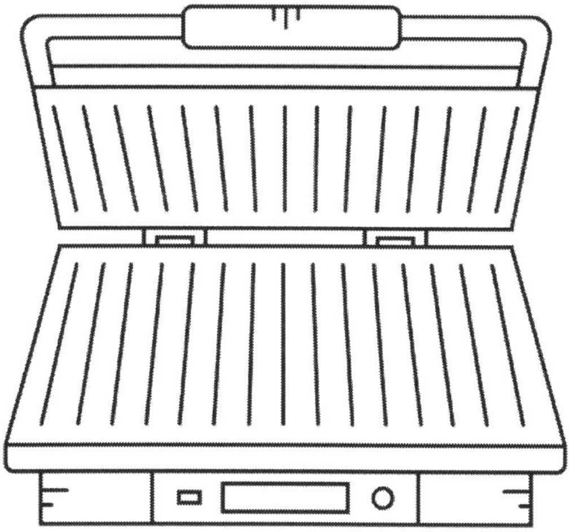

Gemüselaibchen

Kalorien: 226,4 kcal | Eiweiß: 9,4 Gramm | Fett: 7,3 Gramm Kohlenhydrate: 29,3 Gramm

Für eine Portion benötigen Sie:

1/2 Möhre | 1/2 Zucchini | 30 Gramm Kohlrabi | 1 kleine Kartoffel 20 Gramm Erbsen | 20 Gramm Couscous | 1/2 TL Senf | 1 Eigelb Salz und Pfeffer | 1 Prise Muskat gemahlen | 1/2 TL Majoran 1 EL Schnittlauch in Röllchen | etwas Öl zum Bepinseln

So wird es zubereitet:

1. Das Gemüse klein schneiden und kurz in kochendem Wasser blanchieren, abtropfen lassen und mit den Erbsen und dem Couscous vermengen.
2. Alles gut auskühlen lassen und mit Senf und Eigelb verkneten.
3. Mit Salz, Pfeffer, Muskat, Majoran und Schnittlauch abschmecken und mit feuchten Händen zwei Patties formen.
4. Den Kontaktgrill dünn mit Öl bepinseln und die Gemüselaibchen auflegen.
5. Bei geschlossenem Deckel für 8 Minuten bei 170° Celsius braten.
6. Die Patties können als Burger verwendet werden, schmecken jedoch auch mit Salat oder Sauce und Kartoffeln ganz hervorragend.

Notizen:

Quesadilla

Kalorien: 558,2 kcal | Eiweiß: 21,1 Gramm | Fett: 25,3 Gramm Kohlenhydrate: 33,4 Gramm

Für eine Portion benötigen Sie:

2 Maisfladen | 2 EL saure Sahne | 1/4 Avokado| 1/4 rote Paprika 1 Tomate | 20 Gramm Baby Blattspinat | 2 EL Mais | 1 Chili rot Salz und Pfeffer | 50 Gramm Käse gerieben | etwas Öl zum Bepinseln

So wird es zubereitet:

1. Die Avokado mit einer Gabel zerdrücken und mit der sauren Sahne glatt rühren.
2. Paprika, Tomate und Chili klein würfeln und den Baby Blattspinat grob schneiden.
3. Alles zusammen mit dem Mais vermengen und mit der Avokado Creme verrühren.
4. Mit Salz und Pfeffer abschmecken und die Maisfladen damit bestreichen.
5. Mit Käse bestreuen und gut einklappen.
6. Den Kontaktgrill mit etwas Öl bepinseln und die Fladen auflegen. Bei geschlossenem Deckel für 8 Minuten bei 180° Celsius grillen.

Notizen:

____

____

____

Käsepuffer

Kalorien: 479 kcal | Eiweiß: 26,3 Gramm | Fett: 26,4 Gramm Kohlenhydrate: 30,8 Gramm

Für eine Portion benötigen Sie:

2 gekochte Kartoffeln | 30 Gramm Gouda gewürfelt | 20 Gramm würziger Bergkäse gewürfelt |1 rote Zwiebel | 1 EL Petersilie gehackt 1 Ei | 1 Eigelb | 1 TL Kartoffelmehl | Salz und Pfeffer
1 Prise Muskat gemahlen | 1 Prise Kümmel gemahlen | 1/2 TL Majoran
etwas Öl zum Bepinseln

So wird es zubereitet:

1. Die Kartoffeln grob zerdrücken und mit dem Käse vermengen.
2. Die Zwiebel fein hacken und ebenfalls unterrühren.
3. Mit der Petersilie, dem Ei, dem Eigelb und dem Kartoffelmehl gut verkneten.
4. Mit Salz, Pfeffer, Muskat, Kümmel und Majoran würzen.
5. Mit feuchten Händen ein oder zwei Puffer formen und den Kontaktgrill dünn mit Öl bepinseln.
6. Die Puffer auflegen und bei nicht ganz geschlossenem Deckel die Puffer für 10 Minuten bei 170° Celsius braten.
7. Bei der Hälfte der Zeit können Sie den Deckel ganz schließen. Vergessen Sie nicht, auch den Deckel mit Öl zu bepinseln.

Notizen:

Gegrillter Räucher-Tofu

Kalorien: 216 kcal | Eiweiß: 15,9 Gramm | Fett: 14,3 Gramm Kohlenhydrate: 4,3 Gramm

Für eine Portion benötigen Sie:

150 Gramm geräucherter Tofu schnittfest | 10 Gramm Rucola
20 Gramm Ricotta | 1 TL Mandelstifte geröstet 1 TL Paprika rot fein gewürfelt | 1 Knoblauchzehe gehackt Salz und Pfeffer | etwas Öl zum Bepinseln

So wird es zubereitet:

1. Den Tofu in der Mitte vorsichtig einschneiden, damit eine kleine Tasche entsteht.
2. Den Rucola fein hacken und mit dem Ricotta vermengen.
3. Die Mandelstifte, die Paprika und den Knoblauch untermengen und mit Salz und Pfeffer würzen.
4. Die Masse in die kleine Tasche füllen und den Kontaktgrill mit etwas Öl bepinseln.
5. Den Tofu auflegen und für 8 Minuten bei 170° Celsius bei geschlossenem Deckel grillen.

Notizen:

____

____

____

Veggie Spieß a la Tortellini

Kalorien: 584,4 kcal | Eiweiß: 20,5 Gramm | Fett: 14,8 Gramm | Kohlenhydrate: 88,4 Gramm

Für eine Portion benötigen Sie:

120 Gramm gekochte vegetarische Tortellini | 50 Gramm Champignons
4 Cherry Tomaten | 2 EL Butter | 4 Blatt Salbei | 1 Chili rot
Salz und Pfeffer | 1 EL Parmesan | etwas Öl zum Bepinseln

So wird es zubereitet:

1. Die Tortellini abwechselnd mit den Cherry Tomaten und den Pilzen auf einen Spieß fädeln und den Kontaktgrill dünn mit Öl bepinseln.
2. Den Spieß auflegen und bei geschlossenem Deckel für 5 Minuten bei 180° Celsius braten.
3. In der Zwischenzeit die Butter in einer Pfanne schmelzen lassen.
4. Salbei und Chili darin abraten, den Parmesan einrühren und den Spieß mit dieser würzigen Butter servieren.
5. Nach Bedarf salzen und pfeffern.

Notizen:

Haloumi vom Kontaktgrill

Kalorien: 452,2 kcal | Eiweiß: 22,8 Gramm | Fett: 31,6 Gramm
Kohlenhydrate: 15,8 Gramm

Für eine Portion benötigen Sie:

100 Gramm Haloumi Grillkäse | 1/2 Mango | Saft einer halben Limette
1 TL Kokosöl | 1 Messerspitze Cayenne Pfeffer
1 Messerspitze Ingwer gerieben | etwas Meersalz

So wird es zubereitet:

1. Den Grillkäse und die Mango in etwa 2 cm große Würfel schneiden.
2. Die Limette mit dem Kokosöl vermengen und mit Cayenne Pfeffer, Ingwer und Meersalz würzen.
3. Mango und Grillkäse darin einlegen und für etwa 30 Minuten ziehen lassen.
4. Auf einen Spieß fädeln und auf den Kontaktgrill legen. Bei geschlossenem Deckel für 7 Minuten bei 180° Celsius grillen.

Notizen:

____

____

____

Köstliches Gemüse im Kontaktgrill zubereitet

Ob als Beilage oder als Hauptgericht, Gemüse, fein auf dem Kontaktgrill zubereitet schmeckt immer ganz hervorragend.

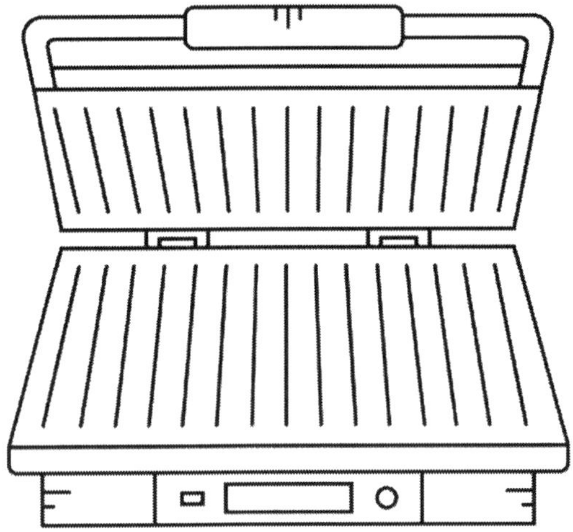

Asiatische Zucchini

Kalorien: 99,3 kcal | Eiweiß: 3,8 Gramm | Fett: 6,1 Gramm Kohlenhydrate: 6,6 Gramm

Für eine Portion benötigen Sie:

1 große Zucchini | 1 Chili rot | 1 EL Erdnüsse gehackt 2 EL Koriander gehackt | Saft einer halben Limette | 1/2 TL Ingwer frisch gerieben | 1 Prise Zucker | 1 TL Sojasauce | 1 Messerspitze Knoblauch Granulat | 1 Messerspitze indisches Currypulver gelbetwas Sesam Öl zum Bestreichen

So wird es zubereitet:

1. Den Kontaktgrill dünn mit dem Sesam Öl bestreichen und die Zucchini in 0,7 cm dicke Scheiben schneiden.
2. Die restlichen Zutaten zu einer Marinade verrühren und die Zucchini darin für 15 Minuten ziehen lassen.
3. Auf dem Grill verteilen, den Deckel schließen und für 4 Minuten bei 200° Celsius braten.
4. Die Zucchini schmecken vegetarisch als Hauptspeise zu Reis und passen auch sehr gut zu Hühnchen und Co.

Notizen:

____

____

____

Italienische Antipasti

Kalorien: 108,3 kcal | Eiweiß: 5,9 Gramm | Fett: 5,8 Gramm | Kohlenhydrate: 7,4 Gramm

Für eine Portion benötigen Sie:

50 Gramm Auberginen | 1 TL Zitronensaft | 1/2 Paprika gelb
1/2 Paprika rot | 1/2 Zucchini | 1 grüne, feste Tomate
3 Stangen Spargel grün | 1 TL Oregano getrocknet | Salz und Pfeffer
1 EL Balsamico Essig dunkel | 2 EL Olivenöl
15 Gramm Parmesan gehobelt | einige Blatt Basilikum

So wird es zubereitet:

1. Das Gemüse in etwa gleichgroße Stücke schneiden.
2. Oregano, Salz, Pfeffer, Balsamico Essig und Olivenöl zu einer Marinade rühren und das Gemüse darin für 15 Minuten einlegen.
3. Samt der Marinade auf den Kontaktgrill geben und bei 180° Celsius für 4 Minuten bei geschlossenem Deckel grillen.
4. Danach mit Parmesan und Basilikum bestreuen, für eine weitere gute Minute bei leicht geöffnetem Deckel ziehen lassen und anrichten.
5. Das Gemüse schmeckt heiß und auch kalt ganz wunderbar.

Notizen:

____

____

____

Gegrillte Pilze

Kalorien: 100,5 kcal | Eiweiß: 7,3 Gramm | Fett: 5,4 Gramm | Kohlenhydrate: 4,9 Gramm

Für eine Portion benötigen Sie:

80 Gramm Steinpilze | 80 Gramm Kräuterseitlinge 2 EL Olivenöl | 1 TL Oregano getrocknet | 2 Knoblauchzehen fein gehackt | 1 Messerspitze Ingwer frisch gerieben | Saft einer Limette |1 TL Sojasauce | 1 Messerspitze Cayenne Pfeffer |1 Prise Kreuzkümmel gemahlen

So wird es zubereitet:

1. Die Pilze blättrig schneiden und die restlichen Zutaten zu einer schönen Marinade verrühren.
2. Die Pilze für etwa 15 Minuten darin einlegen.
3. Mitsamt der Marinade auf den Kontaktgrill legen und bei geschlossenem Deckel für 5 Minuten bei 190° Celsius grillen.

Notizen:

Gefüllte und gegrillte Aubergine

Kalorien: 172 kcal | Eiweiß: 9,3 Gramm | Fett: 10,4 Gramm Kohlenhydrate: 9 Gramm

Für eine Portion benötigen Sie:

2 lange Scheiben Auberginen mit einer Dicke von 2 cm | 1 EL Olivenöl Salz und Pfeffer | 1 EL Hüttenkäse | 1/4 Avokado | 1/4 Paprika gelb 2 getrocknete Tomaten | 1 EL Mozzarella gerieben 1 EL Petersilie grob gehackt

So wird es zubereitet:

1. Die Auberginen und den Kontaktgrill großzügig mit dem Olivenöl einstreichen und das Gemüse salzen und Pfeffern.
2. Den Hüttenkäse mit der Avokadoglatt rühren.
3. Paprika und getrocknete Tomaten fein hacken unduntermengen.
4. Mit Mozzarella und Petersilie verrühren und leicht mit Salz und Pfeffer würzen.
5. Eine Aubergine damit bestreichen und mit der zweiten Aubergine zu einem Sandwich zusammenklappen.
6. Auf den Kontaktgrill legen und bei geschlossenem Deckel für 6 Minuten bei 170° Celsius grillen.

Notizen:

Grilltomaten

Kalorien: 68,7 kcal | Eiweiß: 4,3 Gramm | Fett: 3,3 Gramm | Kohlenhydrate: 5 Gramm

Für eine Portion benötigen Sie:

1 große Fleischtomate, am besten noch leicht grün | Salz und Pfeffer
30 Gramm Frischkäse | 1 getrocknete Tomate | 1 Knoblauchzehe fein gehackt | 1 EL Basilikum in Streifen geschnitten | etwas Thymian frisch
etwas Olivenöl zum Bepinseln

So wird es zubereitet:

1. Vorsichtig den Deckel der Tomate abschneiden und das Fruchtfleisch mit einem Löffel entfernen.
2. Das Fruchtfleisch mit Salz, Pfeffer, der gehackten getrockneten Tomate, dem Knoblauch, Basilikum und Thymian vermengen und die Tomate mit dieser Masse befüllen.
3. Den Deckel aufsetzen und den Kontaktgrill mit Öl bepinseln.
4. Die Tomaten auf den Grill legen, den Deckel leicht anlehnen und die Tomate bei 180° Celsius für 8 Minuten grillen.
5. Sie können die Tomate natürlich auch mit Frischkäse und Quark, und den unterschiedlichsten Kräutern füllen.

Notizen:

Gegrillter Kürbis mit Zimt

Kalorien: 107,1 kcal | Eiweiß: 2,1 Gramm | Fett: 3,4 Gramm
Kohlenhydrate: 16,4 Gramm

Für eine Portion benötigen Sie:

120 Gramm Hokkaido Kürbis | 1 EL Zitronensaft |1 Messerspitze Paprikapulver scharf | 1 Messerspitze Ingwerpulver | 1 Messerspitze Zimt | 1/2 TL Oregano getrocknet | Salz und Pfeffer | etwas Sesam Öl zum Bepinseln

So wird es zubereitet:

1. Den Kürbis in gleichgroße Spalten schneiden und mit dem Sesam Öl bepinseln.
2. Auch den Grill dünn bepinseln.
3. Alle Gewürze verrühren und den Kürbis gut damit einreiben.
4. Für etwa 10 Minuten durchziehen lassen und auf den Kontaktgrill legen.
5. Bei geschlossenem Deckel für 5 Minuten bei 180° Celsius grillen. So bleibt der Kürbis leicht bissfest.
6. Wenn Sie den Kürbis etwas weicher möchten, grillen Sie den Kürbis einfach 2 Minuten länger.

Notizen:

Grillkartoffeln

Kalorien: 143,6 kcal | Eiweiß: 3,9 Gramm | Fett: 0,7 Gramm
Kohlenhydrate: 29.6 Gramm

Für eine Portion benötigen Sie:

2 große gekochte Kartoffeln | Salz und Pfeffer | 1 TL Majoran getrocknet
1 Prise Kümmel gemahlen | 1 Prise Paprikapulver geräuchert
1 Prise Kardamom gemahlen | etwas Walnuss Öl

So wird es zubereitet:

1. Die gekochten Kartoffeln in Scheiben oder Spalten schneiden.
2. Die restlichen Zutaten vermengen und die Kartoffeln in der Mischung marinieren.
3. Für etwa 10 Minuten durchziehen lassen und auf den Kontaktgrill auflegen.
4. Bei geschlossenem Deckel für 4 bis 5 Minuten bei 200° Celsius grillen.
5. Die Knusprigkeit der Kartoffeln können Sie individuell mit der Dauer des Grillens steuern.

Notizen:

____

____

____

Überbackene Süßkartoffeln

Kalorien: 249,5 kcal | Eiweiß: 7,9 Gramm | Fett: 5,5 Gramm
Kohlenhydrate: 40,5 Gramm

Für eine Portion benötigen Sie:

1 große gekochte Süßkartoffel | 20 Gramm Avokado | 1 EL Frischkäse
1 Knoblauchzehe fein gehackt | etwas Abrieb einer Bio Limette
Salz und Pfeffer | 1 EL Parmesan gerieben | etwas Öl zum Bepinseln

So wird es zubereitet:

1. Die Süßkartoffel der Länge nach halbieren und zur Hälfte mit einem Löffel aushöhlen.
2. Diese Kartoffel nun mit Avokado und Frischkäse glatt rühren und mit Knoblauch, Limettenabrieb, Salz und Pfeffer abschmecken.
3. Die Kartoffel mit der Masse befüllen und mit Parmesan bestreuen.
4. Den Kontaktgrill mit etwas Öl bepinseln und die Kartoffel auflegen. Bei nicht ganz geschlossenem Deckel für 6 Minuten bei 200° Celsius backen.

Notizen:

Spieß mit Kartoffeln und Kichererbsen

Kalorien: 334,4 kcal | Eiweiß: 14,6 Gramm | Fett: 15,1 Gramm
Kohlenhydrate: 32,8 Gramm

Für eine Portion benötigen Sie:

1 gekochte Kartoffel | 80 Gramm Kichererbsen aus der Dose | 2 Eigelb
2 Knoblauchzehen gehackt | 1 Messerspitze Bockshornklee gemahlen
1 Messerspitze Kurkuma gemahlen | 1 rote Zwiebel fein gehackt
1 Messerspitze Kümmel fein gemahlen | 1 Prise Piment
etwas Abrieb einer Bio Limette | 2 EL Kerbel gehackt | Salz und Pfeffer
etwas Öl zum Bepinseln

So wird es zubereitet:

1. Die Kartoffel und die Kichererbsen grob mit der Gabel zerdrücken und mit dem Eigelb vermengen.
2. Mit den restlichen Zutaten vermengen und mit Salz und Pfeffer abschmecken.
3. Mit feuchten Händen vier kleine Kugeln oder Laibchen formen und auf einen Spieß fädeln.
4. Den Kontaktgrill dünn mit Öl bepinseln und den Spieß auflegen. Bei geschlossenem Deckel für 7 Minuten bei 170°Celsius grillen.
5. Der Spieß wird gerne mit einem Dip aus Joghurt, Minze, Knoblauch und Cayenne Pfeffer serviert.

Notizen:

Gemüse Süß-sauer

Kalorien: 144,8 kcal | Eiweiß: 3,7 Gramm | Fett: 0,5 Gramm
Kohlenhydrate: 30,4 Gramm

Für eine Portion benötigen Sie:

100 Gramm passierte Tomaten | 4 EL Apfelessig | 100 ml Brühe
1 EL Honig | 1 EL brauner Zucker | 2 Knoblauchzehen gehackt
1/2 TL Paprikapulver geräuchert | 1 Messerspitze Chili Pulver
2 EL Sojasauce | 1 Möhre | 1/2 kleiner Kohlrabi | 1/2 rote Bete gekocht
1/2 Paprika gelb | 1 Scheibe Ananas | etwas Öl zum Bepinseln

So wird es zubereitet:

1. Das Gemüse und Obst in etwa gleichgroße Stücke schneiden.
2. Die restlichen Zutaten in einen Topf geben und aufkochen.
3. Gemüse und Ananas hinzugeben und ebenfalls einmal aufkochen lassen.
4. Vom Herd nehmen, auskühlen lassen und am besten über Nacht in der Marinade ziehen lassen.
5. Den Kontaktgrill dünn mit Öl bepinseln, das Gemüse und die Ananas aus der Marinade nehmen und leicht abtropfen lassen.
6. Auf den Grill legen und bei geschlossenem Deckel für 7 Minuten bei 170° Celsius braten.

Notizen:

Röstzwiebel und Knoblauch

Kalorien: 90,4 kcal | Eiweiß: 1,4 Gramm | Fett: 6,7 Gramm
Kohlenhydrate: 5,4 Gramm

Für eine Portion benötigen Sie:

2 rote Zwiebel | 4 Knoblauchzehen | 2 Zweige Rosmarin
4 Lorbeerblätter | 4 Gewürznelken | Salz und Pfeffer | 2 TL Butter
etwas Balsamico Essig dunkel | Alufolie

So wird es zubereitet:

1. Die Zwiebeln halbieren und mit den Nelken spicken.
2. Die Lorbeerblätter auf eine Alufolie legen und den Zwiebel darauf setzen.
3. Den Knoblauch blättrig schneiden und über die Zwiebel streuen.
4. Salzen und pfeffern, mit Butter bedecken und mit Balsamico Essig übergießen.
5. Die Folie schließen und auf den Kontaktgrill legen.
6. Bei geschlossenem Deckel für 8 Minuten bei 170° Celsius grillen.

Notizen:

____

____

____

Gegrillter Blumenkohl

Kalorien: 124,3 kcal | Eiweiß: 3,8 Gramm | Fett: 5,5 Gramm
Kohlenhydrate: 14,1 Gramm

Für eine Portion benötigen Sie:

180 Gramm Blumenkohl | Saft einer Zitrone | 1 EL Ahornsirup
2 EL Walnuss Öl | 1 Messerspitze Ingwer frisch gerieben
1 Prise Kümmel gemahlen | Salz und Pfeffer

So wird es zubereitet:

1. Den Blumenkohl in Rosen teilen und die restlichen Zutaten zu einer Marinade verrühren.
2. Den Blumenkohl darin wenden und auf den Kontaktgrill legen.
3. Bei geschlossenem Deckel für 8 Minuten bei 170° Celsius grillen.

Notizen:

Sandwiches - die Klassiker aus dem Kontaktgrill

Die erste Bestimmung des Kontaktgrill ist es, in Windeseile schmackhafte und saftige Sandwiches zu zaubern. Hier haben wir für Sie einige tolle und innovative, aber auch klassische Sandwich Rezepte vorbereitet.

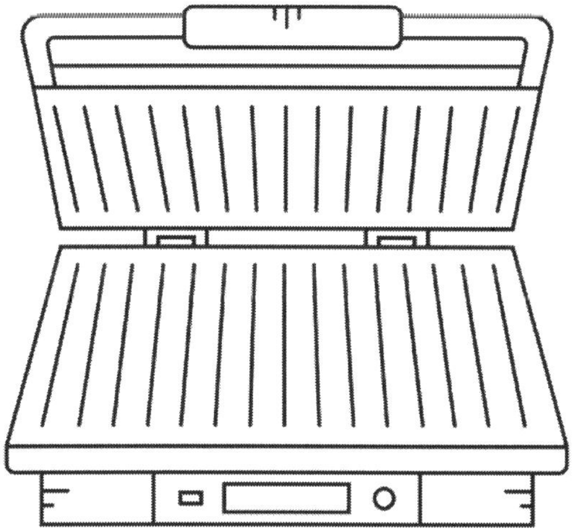

Clubsandwich

Kalorien: 549 kcal | Eiweiß: 39,2 Gramm | Fett: 28,7 Gramm Kohlenhydrate: 29,6 Gramm

Für eine Portion benötigen Sie:

3 Scheiben Toastbrot | etwas Butter zum Bestreichen 100 Gramm gebratene Hühnerbrust | 4 Scheiben Speck 2 Scheiben Tomaten | 1 Ei | 4 dünne Scheiben Zucchini 2 Blatt Eisbergsalat | 1 EL Majonäse | 1 EL Ketchup 1 Spritzer Limettensaft | Salz und Pfeffer | Öl zum Bepinseln

So wird es zubereitet:

1. Das Toastbrot dünn mit Butter bestreichen.
2. Den Kontaktgrill mit Öl bepinseln und bei 170° Celsius bei nicht geschlossenem Deckel die Hühnerbrust, den Speck, die Tomaten und die Zucchini grillen und das Ei zu einem Spiegelei braten.
3. Das Hühnerfleisch salzen und pfeffern und Majonäse, Ketchup und Limettensaft zu einer Sauce rühren.
4. Nun das Sandwich schichtweise füllen und in den Grill legen.
5. Bei geschlossenem Deckel für 4 Minuten bei 200° C grillen.
6. Diagonal durchschneiden und verspeisen.

Notizen:

Bacon Sandwich

Kalorien: 563,6 kcal | Eiweiß: 29,9 Gramm | Fett: 25,1 Gramm
Kohlenhydrate: 50,6 Gramm

Für eine Portion benötigen Sie:

60 Gramm Bacon in Scheiben | 1 TL Ahornsirup | 1 gekochtes Ei
30 Gramm Camembert |10 Gramm Sauerampfer | 2 Scheiben Weißbrot
Öl zum Bepinseln

So wird es zubereitet:

1. Den Bacon mit Ahornsirup einstreichen, den Grill bepinseln und den Bacon für 3 Minuten bei geschlossenem Deckel bei 180° Celsius knusprig braten.
2. Das Weißbrot mit dem Speck, dem in Scheiben geschnittenen Ei, dem Camembert und dem Sauerampfer belegen, zusammenklappen.
3. Bei geschlossenem Deckel für weitere 5 Minuten bei 180° Celsius grillen.

Notizen:

____

____

____

Philadephia Cheese Steak Sandwich

Kalorien: 537,2 kcal | Eiweiß: 43,8 Gramm | Fett: 20 Gramm
Kohlenhydrate: 42 Gramm

Für eine Portion benötigen Sie:

1 kleine Zwiebel in Ringe geschnitten | 100 Gramm Roastbeef
50 Gramm Cheddar Käse geraspelt | 1 EL Paprikawürfel grün Salz und Pfeffer | 1 weiches Baguette | Öl zum Bepinseln

So wird es zubereitet:

1. Das Roastbeef grob schneiden und zusammen mit den Zwiebeln und dem Paprika auf den mit Öl bepinselten Grill legen.
2. Für 4 Minuten bei 180° Celsius braten.
3. Den Käse darüber streuen und schmelzen lassen.
4. Mit einem Spatel vom Grill entfernen.
5. Das Baguette nicht ganz durchschneiden, mit der Masse füllen, salzen und pfeffern.
6. Für weitere 3 Minuten bei geschlossenem Deckel bei 180° Celsius grillen.

Notizen:

Panini Quatre Fromage

Kalorien: 406,4 kcal | Eiweiß: 21,2 Gramm | Fett: 13,6 Gramm
Kohlenhydrate: 47 Gramm

Für eine Portion benötigen Sie:

20 Gramm Mozzarella light | 20 Gramm Emmentaler
10 Gramm Bergkäse | 5 Gramm Gorgonzola | 1 EL Staudensellerie in dünne Ringe geschnitten | 1/2 rote Zwiebel in dünne Scheiben
1/2 TL Kräuter der Provence | 2 Scheiben Bauernbrot
Pfeffer aus der Mühle | etwas Öl zum Bepinseln

So wird es zubereitet:

1. Den Grill und das Brot an der Außenseite dünn mit etwas Öl bepinseln.
2. Mit dem Käse, Staudensellerie und Zwiebel belegen und mit Kräutern und Pfeffer würzen.
3. Zusammenklappen und auf den Kontaktgrill legen.
4. Bei geschlossenem Deckel für 5 Minuten bei 180° Celsius grillen.

Notizen:

Spinat Sandwich

Kalorien: 269,9 kcal | Eiweiß: 11,6 Gramm | Fett: 1,5 Gramm
Kohlenhydrate: 51 Gramm

Für eine Portion benötigen Sie:

10 Gramm Blattspinat | 1 Knoblauchzehe fein gehackt
1 EL Hüttenkäse | 2 Schalotten in dünne Scheiben geschnitten
etwas Thymian getrocknet | Salz und Pfeffer
1 kleines türkisches Fladenbrot | etwas Öl zum Bepinseln

So wird es zubereitet:

1. Den Hüttenkäse mit dem fein gehackten Spinat, dem Knoblauch und den Schalotten verrühren.
2. Mit Thymian, Salz und Pfeffer würzen und in das kleine Fladenbrot füllen.
3. Den Grill dünn mit Öl bepinseln und das Brot auflegen.
4. Bei geschlossenem Deckel für 5 Minuten bei 180° Celsius grillen.

Notizen:

Caprese Sandwich

Kalorien: 388,6 kcal | Eiweiß: 19 Gramm | Fett: 17,3 Gramm
Kohlenhydrate: 36,5 Gramm

Für eine Portion benötigen Sie:

1 Tomate | 1/2 Kugel Mozzarella | 1 EL Basilikum grob gehackt
1 Scheibe Parma Schinken | 1 kleines Ciabatta Brot | 2 EL Olivenöl

So wird es zubereitet:

1. Den Grill dünn mit Olivenöl bepinseln und das restliche Olivenöl auf das aufgeschnittene Ciabatta Brot träufeln.
2. Tomate und Mozzarella in Scheiben schneiden und das Brot damit belegen.
3. Mit Parma Schinken bedecken, mit Basilikum aromatisieren und zuklappen.
4. Bei geschlossenem Deckel für 5 Minuten bei 180° Celsius grillen.

Notizen:

Currywurst Sandwich

Kalorien: 380,1 kcal | Eiweiß: 6,8 Gramm | Fett: 9,4 Gramm
Kohlenhydrate: 64,4 Gramm

Für eine Portion benötigen Sie:

1 Bratwurst | 1/2 rote Zwiebel | 1/2 Tomate | 1 Chili klein gehackt
1/2 TL Currypulver scharf | 1 Baguette | etwas Öl zum Bepinseln

So wird es zubereitet:

1. Die Bratwurst und die Zwiebel mit der Tomate auf den mit Öl bepinselten Grill legen und für 4 Minuten bei geschlossenem Deckel bei 180° Celsius braten.
2. Vom Grill nehmen und alles klein schneiden.
3. Zusammen mit der Chili in das Baguette füllen und großzügig mit dem Currypulver bestreuen.
4. Ein weiteres Mal auf den Grill legen und für 4 Minuten bei 180° Celsius braten.

Notizen:

Vollkorn Sandwich mit Rucola und Parma-Schinken

Kalorien: 456,7 kcal | Eiweiß: 23,7 Gramm | Fett: 13,5 Gramm Kohlenhydrate: 57,2 Gramm

Für eine Portion benötigen Sie:

2 Scheiben Vollkornbrot | 1 EL Frischkäse | 1 EL rote Paprika gewürfelt 10 Gramm Rucola Salat | 2 Scheiben Parma Schinken | 2 TL Butter 2 TL Parmesan | Salz und Pfeffer nach Bedarf

So wird es zubereitet:

1. Das Brot und den Grill dünn mit Butter bestreichen.
2. Mit dem Frischkäse bestreichen und mit Paprika, Rucola, Parma Schinken und Parmesan füllen.
3. Zusammenklappen und auf den Grill legen.
4. Bei geschlossenem Deckel für 6 Minuten bei 180° Celsius grillen.

Notizen:

____

Pizza Calzone

Kalorien: 679 kcal | Eiweiß: 26,9 Gramm | Fett: 22,7 Gramm
Kohlenhydrate: 87,2 Gramm

Für eine Portion benötigen Sie:

200 Gramm Pizzateig frisch | 50 Gramm passierte Tomaten
40 Gramm Salami in Scheiben | 30 Gramm Feta Käse
1/2 gelbe Paprika in Streifen geschnitten | 2 Knoblauchzehen gehackt
Salz und Pfeffer | 1 TL Oregano getrocknet | etwas Öl zum Bepinseln

So wird es zubereitet:

1. Den Pizzateig ausrollen und mit den passierten Tomaten bestreichen.
2. Mit Salami, Feta Käse, Paprika und Knoblauch belegen und mit Oregano, Salz und Pfeffer würzen.
3. Die Pizza einschlagen und den Rand gut verschließen.
4. Den Kontaktgrill gut mit Öl bestreichen und die Pizza auflegen.
5. Bei 200° Celsius für 8 Minuten bei geschlossenem Deckel backen.

Notizen:

Knuspriges Parmesan Sandwich

Kalorien: 386,9 kcal | Eiweiß: 12,9 Gramm | Fett: 24,4 Gramm
Kohlenhydrate: 26,1 Gramm

Für eine Portion benötigen Sie:

2 Scheiben Weißbrot | 2 EL Olivenöl | 4 EL Parmesan gerieben
1/2 TL Thymian | 1 Messerspitze Cayenne Pfeffer | Öl zum Bepinseln

So wird es zubereitet:

1. Den Kontaktgrill gut mit Öl bepinseln und die Hälfte des Parmesans auf der Grillfläche bei 180° Celsius schmelzen lassen.
2. Das Weißbrot mit Olivenöl bestreichen und mit dem restlichen Parmesan befüllen.
3. Mit Cayenne Pfeffer und Thymian würzen und zusammenklappen.
4. Auf den geschmolzenen Käse legen und kurz anbacken lassen, dann das Brot wenden.
5. Bei nicht ganz geschlossenem Deckel für 5 Minuten bei 180° Celsius fertig grillen.

Notizen:

Thunfisch Sandwich

Kalorien: 350,7 kcal | Eiweiß: 18,9 Gramm | Fett: 4,6 Gramm
Kohlenhydrate: 56,2 Gramm

Für eine Portion benötigen Sie:

2 Scheiben Nussbrot | 1 EL Thunfisch aus der Dose | 1 TL Hüttenkäse
10 Gramm Staudensellerie gewürfelt | 1/4 rote Zwiebel fein gewürfelt
Salz und Pfeffer |2 Blatt Basilikum | etwas Öl zum Bepinseln

So wird es zubereitet:

1. Das Brot und den Grill dünn mit Öl bepinseln.
2. Die restlichen Zutaten vermengen und mit Salz und Pfeffer abschmecken.
3. Das Brot damit befüllen und zusammenklappen.
4. Auf den Grill legen und bei geschlossenem Deckel für 5 Minuten bei 180° Celsius grillen.

Notizen:

Mexikanische Tacos aus dem Kontaktgrill

Kalorien: 251,9 kcal | Eiweiß: 11,1 Gramm | Fett: 12,4 Gramm Kohlenhydrate: 22,3 Gramm

Für eine Portion benötigen Sie:

4 kleine Taco Fladen | 20 Gramm geriebener Käse 1/4 Avokado gewürfelt | 30 Gramm Flusskrebse | Saft einer halben Limette | 1 Messerspitze Cayenne Pfeffer | 2 Cherry Tomaten etwas Salz | 1 EL Koriander gehackt | etwas Öl zum Bepinseln

So wird es zubereitet:

1. Die Fladen und den Grill dünn mit Öl bepinseln.
2. Die restlichen Zutaten vermengen und die Tacos damit befüllen.
3. Einklappen und in den Grill legen.
4. Bei geschlossenem Deckel für 6 Minuten bei 180° Celsius grillen.

Notizen:

Erdnussbutter Sandwich mit Bananen und Speck Elvis‘ best

Kalorien: 475,6 kcal | Eiweiß: 16,7 Gramm | Fett: 25,9 Gramm
Kohlenhydrate: 40,5 Gramm

Für eine Portion benötigen Sie:

3 Scheiben Bacon | 2 Scheiben Toastbrot | 2 EL Erdnussbutter
1/2 reife Banane | 1 TL gesalzene Butter | etwas Öl zum Bepinseln

So wird es zubereitet:

1. Den Grill mit etwas Öl bepinseln und den Bacon bei geschlossenem Deckel für 4 Minuten bei 180° Celsius schön knusprig braten.
2. Das Toastbrot mit gesalzener Butter und Erdnussbutter bestreichen.
3. Die Banane in Scheiben schneiden und darauf verteilen.
4. Mit dem knusprigen Bacon belegen und zusammenklappen.
5. Auf den Kontaktgrill legen und bei geschlossenem Deckel für 6 Minuten bei 180° Celsius grillen.

Notizen:

Verführerisches Sandwich mit Schokolade

Kalorien: 396,1 kcal | Eiweiß: 9,3 Gramm | Fett: 14,6 Gramm
Kohlenhydrate: 54,3 Gramm

Für eine Portion benötigen Sie:

1 Milchbrötchen | 1 Marshmallow | 1 EL Schokoraspeln | 2 Minzblätter
1 EL Haselnüsse gehackt und geröstet | etwas Öl zum Bepinseln

So wird es zubereitet:

1. Den Kontaktgrill dünn mit Öl bepinseln.
2. Das Milchbrötchen aufschneiden und mit dem Marshmallow belegen.
3. Leicht andrücken und mit Schokoraspeln und Haselnüssen bestreuen.
4. Mit der Minze verfeinern und zusammen klappen.
5. Auf den Grill legen und bei geschlossenem Deckel für 5 Minuten bei 180° Celsius grillen.
6. Sie können anstatt Marshmallows auch Schaumküsse verwenden und die Schokoladenraspeln durch Schokoaufstrich ersetzen.

Notizen:

___

___

___

Low Carb Gerichte aus dem Kontaktgrill

Gerade während einer Diät muss es manchmal schnell gehen, denn nach der Arbeit soll endlich Nahrung in den Bauch gelangen. Der Kontaktgrill eignet sich hervorragend für schnelle und gesunde Gerichte und ist somit ein tolles Gadget auch für Figurbewußte.

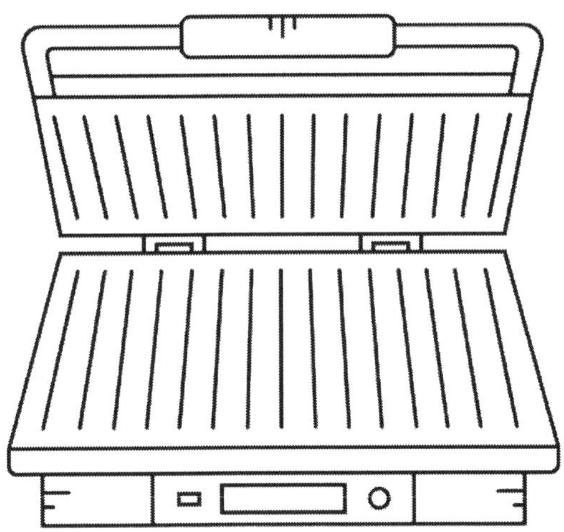

Eiweißbrot Sandwich Low Carb

Kalorien: 396,6 kcal | Eiweiß: 43,3 Gramm | Fett: 19 Gramm
Kohlenhydrate: 10,3 Gramm

Für eine Portion benötigen Sie:

2 Scheiben Eiweißbrot | 2 EL saure Sahne | 1 Gewürzgurke
60 Gramm Geflügelschinken | 1/2 rote Zwiebel | 1 EL Koriander grob gehackt | 2 Scheiben Hartkäse | etwas Öl zum Bepinseln

So wird es zubereitet:

1. Den Kontaktgrill dünn mit Öl bepinseln.
2. Die Gewürzgurke, den Schinken und die Zwiebel fein hacken und zusammen mit dem Koriander und der sauren Sahne vermengen.
3. Das Eiweißbrot damit bestreichen und mit Käse belegen.
4. Zusammen klappen und auf den Grill legen.
5. Bei geschlossenem Deckel für 5 Minuten bei 180° Celsius grillen.

Notizen:

___

___

___

Surf und Turf aus dem Kontaktgrill

Kalorien: 268,8 kcal | Eiweiß: 35,7 Gramm | Fett: 11,8 Gramm
Kohlenhydrate: 3,2 Gramm

Für eine Portion benötigen Sie:

100 Gramm Rinderfilet | Salz und Pfeffer | 1 große Garnele ohne Schale und ohne Kopf | 2 Jakobsmuscheln | 1 Zweig Rosmarin
1 Zweig Thymian | 1 EL flüssige Butter

So wird es zubereitet:

1. Den Kontaktgrill dünn mit der flüssigen Butter bestreichen.
2. Rinderfilet, Garnele und Jakobsmuscheln auflegen und mit Rosmarin und Thymian bedecken.
3. Mit Pfeffer würzen und bei geschlossenem Deckel für 5 Minuten bei 180° Celsius grillen.
4. Anrichten und nach Bedarf salzen.
5. Natürlich können Sie Ihre favorisierte Garstufe durch die Grilldauer selbst regulieren. Nach 5 Minuten ist das Steak rosig und Garnele und Jakobsmuschel perfekt glasig gebraten.

Notizen:

Steak mit Schinken und Ei

Kalorien: 301,1 kcal | Eiweiß: 42,7 Gramm | Fett: 13,1 Gramm
Kohlenhydrate: 0,9 Gramm

Für eine Portion benötigen Sie:

150 Gramm Rinderhüfte | Salz und Pfeffer | etwas Senf scharf
1 EL Schnittlauch in Ringe | 1 Ei | 2 Scheiben Schinken
10 cm x 15 cm Backpapier | Alufolie | etwas Öl zum Bepinseln

So wird es zubereitet:

1. Das Fleisch mit Senf bestreichen und pfeffern.
2. Auf den Grill legen und bei geschlossenem Deckel für 6 Minuten bei 200° Celsius grillen.
3. Aus dem Grill nehmen und in Alufolie wickeln.
4. Den Grill mit Backpapier belegen und das Ei darauf schlagen.
5. Mit Schnittlauch bestreuen und mit dem Schinken belegen.
6. Bei nicht ganz geschlossenem Deckel für 3 Minuten bei 200° Celsius backen.
7. Das Fleisch aus der Folie nehmen und zusammen mit Schinken und Ei anrichten.
8. Erst jetzt nach Bedarf salzen.

Notizen:

Indisches Puten Hacksteak

Kalorien: 305,5 kcal | Eiweiß: 45,5 Gramm | Fett: 10,8 Gramm
Kohlenhydrate: 4,4 Gramm

Für eine Portion benötigen Sie:

160 Gramm Hackfleisch von der Pute | 1 rote Zwiebel fein gehackt
1 EL Koriander gehackt | 1 Ei | 1/2 TL indisches Currypulver gelb
1 EL Joghurt | 2 EL Mandelmehl
1 Messerspitze Kardamom gemahlen | 1 Prise Piment gemahlen
1 Prise Nelkenpulver | Salz | Cayenne Pfeffer | Kokosöl zum Bepinseln

So wird es zubereitet:

1. Den Kontaktgrill dünn mit Kokosöl bepinseln.
2. Die restlichen Zutaten gut verkneten und nach eigenem Bedarf mit Salz und Cayenne Pfeffer abschmecken.
3. Mit feuchten Händen zwei Laibchen formen und auf den Kontaktgrill legen.
4. Bei geschlossenem Deckel für 6 Minuten bei 180° Celsius grillen.

Notizen:

Gegrilltes Kalbsschnitzel mit Thunfisch

Kalorien: 333,9 kcal | Eiweiß: 39,2 Gramm | Fett: 18 Gramm
Kohlenhydrate: 1,4 Gramm

Für eine Portion benötigen Sie:

180 Gramm Kalbsschnitzel | Salz und Pfeffer | 15 Gramm Thunfisch aus der Dose | 1 TL Frischkäse | 2 Kapern gehackt | 2 grüne Oliven würfelig geschnitten | 1 TL Petersilie gehackt | 1 Spritzer Zitronensaft etwas Öl zum Bepinseln

So wird es zubereitet:

1. Das Fleisch salzen und pfeffern und den Kontaktgrill dünn mit Öl bepinseln.
2. Die restlichen Zutaten gut vermengen und auf dem Fleisch verteilen.
3. Das Fleisch einklappen und auf den Kontaktgrill legen.
4. Bei geschlossenem Deckel für 6 Minuten bei 200° Celsius grillen.

Notizen:

Impressum

Umschlaggestaltung, Verantwortlicher, Illustration: Paul Kurpiela Föhrenstr. 8 77656 Offenburg paul.kurpiela@gmail.com
 Bibliografische Information der Deutschen Nationalbibliothek: Die Deutsche Nationalbibliothek verzeichnet diese Publikation in der Deutschen Nationalbibliografie; detaillierte bibliografische Daten sind im Internet über http://dnb.d-nb.de abrufbar.

37682961R00056

Printed in Poland
by Amazon Fulfillment
Poland Sp. z o.o., Wrocław